Mi primer libro d adivinanzas

LIBSA

Si sube, nos vamos.
Si baja, nos quedamos.

Estoy hecha
de hierro o acero:
el ancla.

Cuando me observas de lado,
parezco una cordillera.
El don que me fue otorgado
es dar forma a la madera.

Trabajo con
el carpintero:
soy... la sierra.

Lo has usado alguna vez,
eso al menos yo supongo.
Es un delgado bastón
que abierto se transforma en hongo.

¡Cuando llueva,
no te olvides de él!
Es... el paraguas.

Tengo orejas largas
y una cola diminuta.
Si echamos una carrera,
gano sin disputa.

¡Y me gustan las zanahorias!
¡Soy el conejo!

Ni torcida ni inclinada
tiene que estar la pared;
para eso tengo plomada
y me ayudo del nivel.

Para hacer una casa, me necesitas:
soy... el albañil.

Mi rojiza cabellera
a la paella da sabor;
todo lo pongo amarillo
que es un bonito color.

¡Pregúntale a mamá!
Soy... el azafrán.

Una mina de carbón
en lo más hondo del bosque,
y hay que cortar la madera
para que la mina asome.

Y voy contigo
al colegio:
¡soy el lápiz!

Haga frío, haga calor,
siempre con un cobertor.

¡Beeeee, beeee!
Soy la oveeeeja...

Soy amiga de la Luna,
soy enemiga del Sol;
al llegar la luz del día
guardo mi faro y me voy.

¿Quieres que te
ilumine? ¡Soy la
luciérnaga!

Todos meten por mi boca
mil secretos y noticias
y los vuelvo a vomitar
sin guardar nada en la tripa.

¡Trabajo con el
cartero! Soy...
el buzón.

Todos me llaman mitad
y en verdad, no se por qué
un nombre tan singular
por muy entera que esté.

¡Piensa, piensa!
Es... la media.

¿Qué será, que no será,
que cuanto más se le quita
más grande está?

¡Claro! Tiene que
ser... ¡un hoyo!

Va al campo y no come,
va al río y no bebe,
dando fuertes voces
muy bien se mantiene.

Me suelen llevar
las vacas: soy...
el cencerro.

Soy el que jamás descansa
y va y viene sin cesar.
Nunca me puedo secar.
Jamás te aburre mi danza.
En presencia o añoranza
tú siempre me vas a amar.

Soy una masa de
agua salada:
¡el mar!

Con su cola inmensa,
y su traje gris,
busca la despensa
en cualquier país.

¡Me encanta el
queso! Soy...
el ratón.

Soplar, soplar
lo lleno de aire
y lo echo a volar.

Soy un juguete:
el globo.

Pajarito volando,
con las tripas colgando.

Estoy hecha de
papel o tela:
¡soy la cometa!

Unas regaderas
más grandes que el sol
con que riega el campo
Dios nuestro Señor.

¡Estamos llenas
de agua! Somos...
las nubes.

A ver si aciertas, lector:
en su casa todo es oro,
trabaja haciendo un tesoro
con lo que le da la flor.

¡Hago miel y cera!
Soy... la abeja.

En el estanque se mueven
con gracia y agilidad.
En el cielo van formados
cuando es hora de emigrar.

¡Cuá, cuá!
¡Los patos!

Invita año tras año
a tus mejores amigos;
os coméis la rica tarta
y os lo pasáis divertido.

¡Es solo un día
al año! Es...
el cumpleaños.

Unas cuantas teclas tengo
y no por ello soy piano.
Conmigo puede mi dueño
ahorrar fatiga a su mano.

¡Piensa y acertarás!
Es... la máquina
de escribir.

Una fiel compañerita
nunca se aparta de mí;
cuando me subo a la cama
también me sigue hasta allí.

¡Te acompaña
siempre! Es...
tu sombra.

Redondito y chiquitito,
que pone fin a lo escrito.

Soy un signo de
ortografía: el punto.

Vivo debajo del suelo,
y no encontrarás mi cabeza.
Para pescar con presteza
engánchame en un anzuelo.

¿Sabes que llego a
medir 30 cm? Soy...
la lombriz.

Vuelo de noche,
duermo de día.
Soy casi ciego,
mi oído me guía.

Soy el único
mamífero volador:
el murciélago.

Las cuatro hermanas gemelas
dan mil vueltas, paralelas.
Giran, giran, siempre danzan,
mas nunca jamás se alcanzan.

Tenemos forma
de X: las aspas
del molino.

Dentro no hay quien me alcance;
si salgo, sufro un percance.

Somos 20.000
especies: los peces.

Tres cuevas en la montaña:
¿quién me las podrá encontrar?
En dos el aire va a entrar.
La tercera el vidrio empaña.

¡Piensa un poco!
Son... ¡la nariz
y la boca!

Yo no tengo voz potente,
no soy grande ni fornido.
Si me aprietas con un dedo
llamo a todos con mi ruido.

Sirvo para llamar
o avisar; soy...
¡el timbre!

En el cielo brinco y vuelo.
Me encanta subir,
flotar y lucir mi pelo.

¿Dónde hay viento?
Soy... la cometa.

Despacito, poco a poco,
la manzana agujereo.
Vivo allí, y si me encuentras,
verás cómo me contoneo.

Soy blandito
y alargado, y no tengo
patas: soy... el gusano.

Somos muchos hermanitos,
y en una casa vivimos;
si nos rascan la cabeza
al instante nos morimos.

¡Cuidado!
¡Tú no las toques!
Son... las cerillas.

En un cuarto me arrinconan,
sin acordarse de mí,
pero van pronto a buscarme
cuando tienen que subir.

¡También sirvo
para bajar! Soy...
la escalera.

No ves el Sol,
no ves la Luna,
y si está en el suelo,
no ves cosa alguna.

Soy una nube que
vuela bajito: la niebla.

¿Qué es, qué es,
que te quita el sombrero
y no lo ves?

Soy el aire
en movimiento:
¡el viento!

En la mesa se pone,
se corta y reparte,
pero no se come.

¿Jugamos? Es...
la baraja.

Amarilla en el centro,
blanca por fuera.
Si fuera huevo frito,
estaría en la nevera,
pero como no lo soy
salgo al prado en primavera.

¡Llego a medir un
metro! Soy...
la margarita.

Redondo, redondo como un queso;
la cara, como el carbón
y el largo rabo, muy tieso.

Soy un utensilio
de cocina:
¡la sartén!

Dos pantallas que en las liebres
son largas y muy erguidas.
Si no las tienes bien limpias,
lávatelas enseguida.

Somos el órgano
del oído: las orejas.

Golpe va, golpe viene
y en su puesto se mantiene.

Me usan mucho en el
Oeste americano:
la puerta de vaivén.

Es su madre tartamuda
y su padre un buen cantor;
tiene su vestido blanco,
y amarillo el corazón.

¡Y es comestible!
Es... el huevo.

Es tan grande mi fortuna
que estreno todos los años
un vestido sin costuras
de colores salpicado.

Soy un reptil sin
patas: la serpiente.

Unas son redondas,
otras son ovaladas,
unas siempre piensan mucho
y en cambio otras, nada.

¡Úsame, resulto
muy útil! Soy...
la cabeza.

Tiene dura la cabeza,
y si hay clavo levantado
de un cabezazo le deja
en un instante enterrado.

Tengo forma de T:
¡el martillo!

Sobre mi piel estirada
dos señores muy delgados
las verbenas alegraban
saltando como condenados.

Soy un instrumento
musical: el tambor.

Unos somos verdes,
otros somos negros;
pero de dulzura
todos vamos llenos.

Somos el fruto
de la higuera:
¡los higos!

Soy un color muy brillante
que al azul no puedo ver,
porque cuando estoy con él
me pone verde al instante.

¡Y el rojo me pone
naranja! Soy...
el amarillo.

No soy ave ni soy pez,
ni soy una cosa rara;
y sin ser ave ni nada
soy nada y ave al revés.

Son el primer hombre
y la primera mujer:
Adán y Eva.

Son dos hermanitos,
duermen ovillados,
y si se separan
andan estirados.

¡Siempre vamos de
dos en dos! Somos...
los calcetines.

Soy esbelta y muy delgada,
muchos paños los dejo unidos,
pues con mi punta afilada
hago trajes y vestidos.

¡Cuidado,
que pincho!
Soy... la aguja.

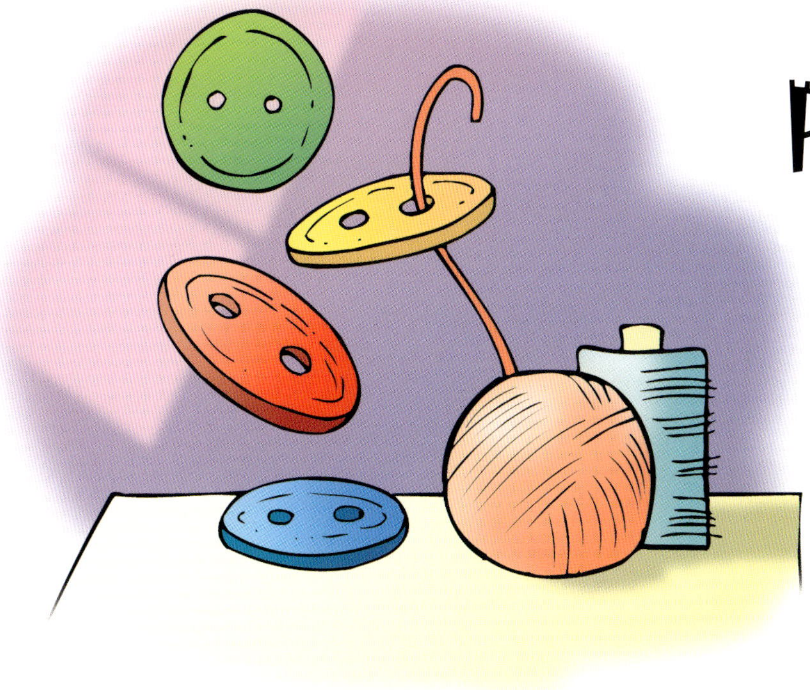

Redonditos y con ojos,
somos útiles al hombre.
Con ellos los pantalones
no podrán quedarle flojos.

Nos gusta pasar por
los ojales: somos
los botones.

Soy un galán muy hermoso,
de bellas damas querido;
siempre he dicho la verdad,
aunque, a veces, lo he sentido.

Estoy hecho de
vidrio pulido:
el espejo.

Empúñala con firmeza,
su cola es una maleza.

¡Barro sin cesar!
Soy... la escoba.

Blanco fue mi nacimiento,
verde mi niñez,
roja mi madurez
y negra mi vejez.

¿Sabes que vengo
de Asia?
Soy... la mora.

Vueltas y más vueltas doy;
todas ellas, sin cansarme.
Curioso es que, si no bebo,
me detengo en un instante.

¡Piensa, piensa!
Es... el molino
de agua.

Muy a menudo la ves.
Piensa un poco con astucia:
cuando está negra está limpia,
cuando está blanca está sucia.

¡Y siempre necesito
a la tiza! Soy...
la pizarra.

Es alguien con el que pasas
muchos ratos de tu vida,
con el que juegas y corres
y no le cuentas mentiras.

¡Seguro que lo
sabes! Es...
el amigo.

Un sombrerito en el dedo
que se usa para coser.
Siempre le pinchan al pobre,
¿te lo puedes tú creer?

¡Ay, ay! Soy...
el dedal.

Yo te lo digo, yo te lo digo:
no podrás adivinar
lo que el rey tiene en el vientre
igual que cualquier mendigo.

¿A que sí lo has
adivinado? Es...
el ombligo.

Si me enchufas, me caliento
y también echo vapor.
Camino sobre la ropa
y la dejo hecha un primor.

¡Tú no la toques!
Es... la plancha.

Del mar voy a la bañera,
tú me untas con jabón;
lo sucio quito al instante,
¿sabrás decirme quién soy?

¡Absorbo toda
el agua!
Soy... la esponja.

En una vaina nacemos,
pequeños y redonditos.
Si nos fríes con jamón,
resultamos exquisitos.

Somos bolitas
verdes: los guisantes.

Es largo como un camino
y los hay de mil colores.
Lo empleas, yo imagino,
en tus bonitas labores.

¡Mi mejor amiga
es la aguja!
Soy... el hilo.

El magnífico Van Gogh
los plasmó en una tela;
siguen al Sol todo el día
cual si fueran centinelas.

¡Siempre giran
siguiendo al sol!
Son... los girasoles.

Agrio es su sabor,
bastante dura su piel,
y si lo quieres tomar,
tienes que estrujarlo bien.

¡Fácil, fácil!
Es... el limón.

Dos fuentes muy cristalinas
brillan en medio de un llano.
Cuando de ellas brota el agua,
está sufriendo su amo.

Si piensas,
lo adivinarás:
son... los ojos.

De noche llegaron
sin ser invitadas.
De día se perdieron
y no están extraviadas.

Somos astros
con luz propia:
las estrellas.

Soy diminuta y marrón,
mi nombre lo dirás luego.
Si me muerdes, ¡qué aflicción!,
la boca se te vuelve fuego.

¡Cómo pica! Es...
la pimienta.

Si me pisas y me bebes
en tu estómago estaré;
pero pronto a tu cabeza
decidida subiré.

Soy el fruto
de la vid:
¡la uva!

Iba una vaca de lado
y un anzuelo se tragó…
¿Y sabéis lo que pasó?
¡Que luego resultó pescado!

¡Esta adivinanza
tiene truco!
Es… el bacalao.

La cosa no es tan sencilla:
se trata de un animal
que a pesar de tener silla
nunca se puede sentar.

¿Sabes que puede
vivir hasta 30 años?
Es… el caballo.

¿Qué alimento será,
que lo llevan en un cesto
y nos dicen que está fresco
cuando bien caliente está?

Harina, agua, sal
y levadura...
¡El pan!

Útil amiguito
que es muy diligente:
nos trae la comida
con sus cuatro dientes.

¿Es la cuchara? ¡No!
Es... el tenedor.

La habrás oído nombrar;
piensa, medita, recuerda.
¿Qué instrumento musical
no tiene más que una cuerda?

Piensa y acertarás:
¡la campana!

Con una casa rodante
por el jardín yo paseo;
si me tocas con el dedo,
entro en ella en un instante.

Salgo a pasear
al sol: soy...
el caracol.

Patas finas,
pico largo;
hago mi nido
en el campanario.

¡Mis nidos llegan
a pesar cientos de
kilos! Soy la cigüeña.

La zanahoria me gusta,
saltando voy por el prado.
Y quedo petrificado
si algún cazador me asusta.

Esta es muy fácil:
¡es el conejo!

En las celdas de esta casa,
en la que no hay ascensores,
hacen un dulce de flores
sin usar horno ni masa.

Es la casa
de las abejas:
la colmena.

Tres son larguitos,
uno pequeñito,
otro gordito
y van siempre juntitos.

¡Qué fácil!
¡Los dedos
de la mano!

Todos me suelen usar
para sus desplazamientos.
Tengo zapatos de goma;
gasolina es mi alimento.

¿Vamos de paseo?
Soy... el coche.

Si una broma le quieres gastar,
eso será lo que le debes tomar.

No me tomes...
¡el pelo!

Para el perro constituyen
un delicioso manjar
y sin ellos no podrías
andar, correr, ni saltar.

Me muero
por tus... ¡huesos!

Unas manchas encarnadas
entre los trigales
son notas coloreadas
que alegran a los chavales.

Nos gustan los
campos y los caminos:
¡las amapolas!

Pálida es mi cara,
pero muy hermosa,
a veces de tarde
se me ve borrosa,
en cambio de noche
brillo como ninguna,
sobre el mar, sobre el río
o sobre la laguna.

Soy el satélite de
la Tierra: la Luna.

En el silencio están juntos;
cuando hablas, se separan.
Con ellos damos los besos
y se encuentran en la cara.

Y escondemos a
nuestros amigos los
dientes: los labios.

Cuanto más profunda es,
tú mucho menos la ves.

¡Qué poca luz!
Es... la oscuridad.

En rincones y entre ramas
mis redes voy construyendo
para que moscas incautas,
en ellas vayan cayendo.

¡Algunas somos
venenosas! Soy...
la araña.

Mis siete colores tienen
unos tonos tan brillantes
que al cesar la lluvia, el cielo
alegro en un instante.

También me llaman
«Arco de San
Martín»: el arco iris.

Tan larga como un camino,
en un cesto suele estar;
y los gatos, muy contentos,
con ella suelen jugar.

Soy el pelo
de las ovejas:
¡la lana!

Dos curiosas cortinitas
que cuando te viene el sueño
permanecen cerraditas.

Servimos para
proteger tus ojos:
somos... los párpados.

Es largo y delgado,
con buena figura;
su pelo alocado
se moja en pintura.

Soy fundamental
para los pintores:
¡el pincel!

Una princesa delgada,
de amarillento color,
de pie, en un trono blanco
se resguarda del calor.

Soy una flor
muy bella: la cala.

Sobre mí ponen comida
caliente y apetitosa
y no la pruebo jamás
porque mi cuerpo es de loza.

Esta es muy fácil:
el plato.

Dos pinzas tengo,
de lado camino
y cerca del agua
es donde yo vivo.

¿Sabes que somos
unas 5,000 especies?
Soy... el cangrejo.

Entro y doy una vuelta,
las casas yo sé guardar,
soy pequeña y sin mi ayuda
tal vez no puedas entrar.

¡Me gusta meterme
en las cerraduras!
Soy... la llave.

¡Qué artefacto tan curioso
esta pera de cristal!
Por las noches ilumina.
¿Lo sabrás adivinar?

Mi padre fue
Thomas A. Edison:
soy... la bombilla.

Con una flecha señalo
la dirección de los vientos.
Por muchas vueltas que dé,
puedes creer que no miento.

Siempre estoy en lo
alto de los edificios:
soy... la veleta.

Lámina que no se ve
y nos protege del viento.
Aunque la atraviesa el Sol,
se empaña con el aliento.

Si piensas, es fácil:
el cristal.

Aunque curso tengo siempre,
al colegio yo no voy;
cinta plateada soy
que ondula con la corriente.

Soy un curso de agua que desemboca en el mar: el río.

Termino cabeza arriba,
empiezo cabeza abajo,
y tan solo preguntar,
solo eso, es mi trabajo.

¡Seguro que lo has adivinado! Es el... signo de interrogación.

Todo el tiempo está ocupada
girando alrededor del Sol.
Da vueltas sobre sí misma
aunque no tenga motor.

Soy el tercer planeta principal del sistema solar: la Tierra.

Aunque todos me persiguen
para hacer buenas jugadas,
si me alcanzan, no me agarran
sino que me dan patadas.

Soy de cuero
y estoy lleno
de aire: el balón.

Soy una casa gigante
que en su interior tiene pistas,
caballos, monos, payasos,
y arriesgados trapecistas.

¡Seguro que lo has
adivinado! Es...
el circo.

Muy bonito por delante,
y muy feo por detrás;
me transformo a cada instante
e imito a los demás.

¡Usa la lógica!
Es... el espejo.

Vence al tigre y al león.
vence al toro embravecido,
vence a señores y reyes,
¡a todos deja vencidos!

¡No te dejes vencer
por... el sueño!

Me hacen reír,
me causan placer;
si tú me las haces,
me las dejo hacer.

¿Sabes que tú no
puedes hacerte
cosquillas a ti mismo?

Es un día especial que
te hace un año más viejo.
Celébralo con amigos.
Este es mi sabio consejo.

¡Seguro que lo sabes!
El cumpleaños.

¿Qué es lo que él decía,
que no era la verdad,
y por esa falsedad
a Pinocho la nariz
de repente le crecía?

Esta es muy fácil:
la mentira.

No es luz y se apaga,
mas nadie la puede ver.
Puedes pensar que me tienes,
si agua quieres beber.

¿A que lo has
adivinado?
Es... la sed.

Soy el jugo de la uva,
de la copa el contenido,
de la mesa el gran señor,
de todos apetecido.

¡Qué fácil!
El vino.

Ponen mucho empeño
en guardar ese balón
en un cesto agujereado
los gigantes, ¡sí, señor!

Solo se puede jugar
con las manos:
el baloncesto.

Lo principal para él
es la alimentación.
¡Mírale cómo sonríe
cuando toma el biberón!

Todavía no ando:
soy... el bebé.

Tengo el nombre de una fruta
y también de una ciudad;
y deshago la madera
rascándola sin piedad.

Tienes muchas pistas:
soy... la lima.

Gracias a él la cabeza
del tronco no es apartada;
en invierno a veces lleva
una serpiente enroscada.

La jirafa lo tiene
muy largo: es...
el cuello.

Es hija de tus abuelos
y de tus tíos, hermana.
Siempre de ti estará cerca,
pues es la que más te ama.

¡Y no hay más
que una! Es...
la madre.

Aunque al dormir me consultan
nunca suelo contestar;
apoya en mí tu cabeza
y dulces sueños tendrás.

Seguro que no
necesitas la solución:
la almohada.

Moviendo una ruedecita
abro la boca muy grande.
Agarro con ella las tuercas
y las ajusto al instante.

¡Seguro que papá
tiene una!
La llave inglesa.

Te dice lo que haces bien
y también lo que haces mal.
Una persona no es,
solo en tu cabeza está.

¡Hazle caso siempre!
Es... la conciencia.

Tiene forma triangular
y un túnel a cada lado.
Sirve para respirar,
salvo que estés resfriado.

Soy el órgano
del olfato:
la nariz.

Agujerea los troncos
y hace en ellos su casita;
allí esconde, muy prudente,
todo lo que necesita.

¡Mi cola es casi tan
larga como el cuerpo!
Soy... la ardilla.

Por la nariz echa agua,
su dentadura es muy buena,
y por no ir nunca vacía
siempre dicen que va llena.

Soy el mamífero más
grande: la ballena.

Tengo dientes que no muerden
y mi cuerpo es alargado.
Yo desenredo tu pelo
bien sea liso o rizado.

¡Seguro que lo has
adivinado!
El peine.

Imitando los colores
yo me cambio de vestido
y así paso inadvertido
ante mis depredadores.

Vivo en África
y en Asia; soy...
el camaleón.

Lo has usado alguna vez,
eso al menos yo supongo.
Es un delgado bastón
que abierto se transforma en hongo.

¡Cuando llueva,
no te olvides de él!
Es... el paraguas.

Tengo nombre de verdura
y también nombre de flor.
Mi aroma mucho perdura
y muy blanco es mi color.

Soy una hortaliza
muy apreciada:
la coliflor.

Te sorprendes si lo ves,
debajo del agua mora;
tiene forma evocadora
de caballo de ajedrez.

Soy un pez marino:
el caballo de mar.

Nuestra cara es chata y grande.
El cuerpo bien delgadito;
nos chupas con gran deleite
agarrándonos del palito.

¡Seguro que te
encantan! Son...
las piruletas.

Es un canario
muy amarillo,
pero nunca canta,
porque no es pajarillo.

Casi siempre estoy
en racimos:
soy... el plátano.

No trates de poseerme,
no me permitas crecer;
porque si tú no me matas
a ti yo te mataré.

¡Seguro que eres
más listo que...
el hambre!

Corriendo cruzo el desierto
y llevo mi mochila a cuestas,
ya esté dormido o despierto,
porque jamás me molesta.

¡Recuerda! Yo soy
el que tiene dos
gibas: el camello.

La he visto verde,
la he visto yerta
y la he visto correr
después de muerta.

¡Sobre todo
en otoño!
Soy... la hoja.

Es enemigo mortal
de la rata y del ratón,
y en casa se muestra siempre
muy gracioso y juguetón.

¡Seguro que lo has
adivinado! Es...
el gato.

¿Qué cosa posee el hombre
que nadie la puede ver?
Sin alas vuela hasta el cielo
y es la causa del saber.

¡Piensa, piensa! Es...
el pensamiento.

Mi nombre es aclamado
por ser de fruta prohibida,
mas soy flor medicinal
y, además, muy conocida.

Si te duele la
tripita, tómate
una... ¡manzanilla!

Sus trinos son melodiosos,
su plumaje es amarillo.
¿Sabrás acaso decirme
cuál es este pajarillo?

Es originario de las
islas Canarias:
el canario.

Soy de una vasta extensión,
lo más grande represento;
diariamente subo y bajo
y no salgo de mi centro.

¿Lo has adivinado?
Es... el mar.

De cuatro botijos
los terneros maman;
están boca abajo
y no se derraman.

¡Usa tu imaginación!
Son... las ubres
de la vaca.

En un monte espeso
hay una mitad de queso.

Y tú siempre le ves
la misma cara:
es... la Luna.

Una casita redonda,
y cuatro cuernos pequeñitos
se arrastran por el jardín
avanzando de a poquito.

¡Ésta es fácil!
El caracol.

Una faja es mi vestido
y me lo arranco al bailar.
Y aunque de pies yo carezco
no hago más que girar.

Seguro que te gusta
jugar a la...
peonza.

Hay un curioso animal
que es un hábil nadador,
pero aunque es muy veloz
es el que llega al final.

Vivo en el mar, pero
soy un mamífero:
el delfín.

Trenzas de oro,
cabeza de plata,
dientes amarillos
y las barbas canas.

¡Me comen humanos
y animales! Soy...
el maíz.

Tengo cinco habitaciones,
en cada una un señorito.
Cuando hace frío en invierno,
todos están calentitos.

¡No te rindas y no
me cuelgues! Soy...
el guante.

Vivo a los saltos,
llevo bolsito,
y por este asoma
contento mi hijito.

Vivo en Australia:
soy... el canguro.

Viene del cielo,
del cielo viene,
a unos disgusta y
a otros mantiene.

Gotas de agua que
caen del cielo:
soy... la lluvia.

En verano barbudo
y en invierno desnudo.
¡Esto es muy duro!

No pienses màs:
es... el bosque.

Guapo paso por aquí,
todo vestido de seda,
no cosido con aguja
ni cortado con tijera.

¿Sabes que mi
origen es Asia? Soy...
el pavo real.

Cuando a la gente
la entrada prohíbe,
a veces molestos
golpazos recibe.

¡Toc, toc! Es...
la puerta.

Con el pelo mojado
con agua y jabón,
le doy a los suelos
brillo y esplendor.

Soy la mejor amiga
de Cenicienta:
la fregona.

Hablo y no pienso,
río sin razón
y miento sin intención.

Soy una exótica
mascota:
el loro.

No me hace falta
gastar en pasaje:
me mojan la espalda
y me voy de viaje.

¡Piensa y acertarás!
Soy... el sello.

Siempre estoy por las alturas,
blanca soy como la nieve,
y cuando lloro, en la tierra
ya van diciendo que llueve.

¡Esta es muy fácil!
Es... la nube.

Soy de aire, tierra y agua;
y cuando de andar me canso,
si se me antoja echo un vuelo,
o me cruzo el lago a nado.

¡No pagues el... pato!

Barbudo por la barriga
y duro por las espaldas;
muy inquieto sube y baja,
a medida que trabaja.

¿Lo has adivinado?
Es... el cepillo.

Todos lo tenemos,
aunque nunca lo vemos;
solo tocándolo
lo conocemos.

¡Búscalo en tu muñeca!
Es... el pulso.

Mi pantalla es muy pequeña,
lo podrás adivinar,
en ella escribes mensajes
que después has de enviar.

Esta es muy fácil:
el teléfono móvil.

Alta, muy alta
y bien delgadilla.
Siempre echa humo
por la coronilla.

¡Seguro que la
aciertas! Es...
la chimenea.

¿Qué será? ¿Qué será?
¿Que en la puerta está,
se deja pisar
y no quiere entrar?

¿A que no necesitas
mirar la solución?
Es... el felpudo.

Espuma y no de puchero,
espuma pero no de mar,
no te acerques, muchacho,
que te puede devorar.

Soy el león
americano: el puma.

Lo que no consiguen
fuerza ni destreza
para mí es muy fácil,
toda una simpleza.
Pocos me respetan,
pero no hay derecho,
pues sin mí estarían
sin cama ni techo.

¡Pero necesito una
cerradura! Soy...
la llave.

Redondo y con naricita,
nace de una plantita.

Soy el rey
de las proteínas:
el garbanzo.

Si me tiran por el suelo
ya no hay quien me recoja;
el que quiere sostenerme
es seguro que se moja.

¡Ocupo tres cuartas
partes de la Tierra!
Soy el agua.

Aunque de comida
siempre voy cargado
la gente me vacía
y nunca soy tragado.

¡Seguro que me
adivinas! Soy...
el plato.

Con traje muy blanco
hallé a este señor.
Se fue derritiendo
cuando salió el Sol.

Te gusta jugar
conmigo: soy...
el muñeco de nieve.

Derechito me mantengo
con sombrero y sin cabeza.
Soy la casita del duende,
¿no es eso una proeza?

Soy el fruto más
esperado del otoño:
la seta.

Ayer fui al monte,
corté un palito;
hice una artesa
y un calderito.

Y yo soy el fruto
de la encina:
la bellota.

El nombre de un fruto tengo
dicho en diminutivo.
Si me comes, soy picante;
ese es mi distintivo.

Soy la especia
más picante:
la guindilla.

Nazco en lugares abruptos,
sin haber tenido padre,
y conforme voy muriendo,
ya va naciendo mi madre.

¡Claro! Es...
la nieve.

Mi casa de alambre
siempre está colgada;
y en ella yo canto
desde la mañana.

¿Sabes que solo
cantan los machos?
Es... el canario.

Vive en pie constantemente
con los brazos hacia afuera;
se desnuda en el otoño
y se viste en primavera.

¡Qué fácil! Es...
el árbol.

Menudo, de orejas grandes
y rabo largo yo he sido.
¡Qué pena que por el gato
siempre sea perseguido!

¿Has necesitado
mirar la solución?
Es... el ratón.

Hice mis maletas
y me vine de la China;
si me pelas y me comes,
verás que soy cosa fina.

¡Y tiene mucha
vitamina C!
Es... la naranja.

Si me siento amenazada
me muevo rápidamente.
El rabo dejo, coleando,
para engañar a la gente.

¡Pero luego me
vuelve a crecer!
Soy... la lagartija.

Con mi traje colorado
lleno de lunares negros,
recorriendo las hojitas
por el jardín me paseo.

¡Me llaman también
cochinilla de San Antón!
Soy... la mariquita.

Aunque estoy lleno de plumas
jamás aprendí a volar,
pero el polvo sé quitar.
De eso, no caben dudas.

¡Qué fácil!
Es... el plumero.

Como símbolo de paz
olivo llevo en el pico;
muy lejos no me verás,
pues en las ciudades vivo.

¡Y me suelen pintar
blanca! Soy...
la paloma.

Ayudar siempre al hombre
es para mí una ley;
mi vestido te regalo
para hacerte tú un jersey.

Siempre voy
en rebaños:
soy... la oveja.

¿Sabes decirme qué son
dos tablitas de madera
que te pones en los pies
para bajar las laderas?

¡Con ellos no te
hundes en la nieve!
Son... los esquíes.

Cuando estoy lleno de aire
me usas para jugar;
pero siempre con cuidado
porque puedo reventar.

¡Seguro que lo has
adivinado! Es...
el globo.

Mis largas patas traseras
me hacen dar saltos muy grandes.
Con ellos recorro siempre
la laguna o el estanque.

¡Vivo en todo el mundo,
menos en la Antártida!
Soy... la rana.

Pájaro de metal
con cuatro aspas que giran.
Surca los cielos de noche
y a veces lo hace de día.

¡Fui el primero en
volar en vertical!
Soy... el helicóptero.

A una pelotita blanca
con un bastón la golpean,
para meterla en un hoyo
o acercarla a su bandera.

¿Jugamos al...
golf?

Yo simulo ser un tronco
cuando en el río me encuentro,
pero si a mí te acercas
no contarás más el cuento.

¡Casi nunca vivo
en el mar! Soy...
el cocodrilo.

De verde me volví negra
y me molieron con tino,
hasta que al final del todo,
de mí hicieron oro fino.

Soy el aceite que se
extrae de la aceituna:
el aceite de oliva.

Mil veces doy alegrías
y otras mil causo dolor,
y aunque saben que yo engaño,
todos me tienen amor.

¿Lo has adivinado?
¡Que no te quite...
el «sueño»!

Vueltas y más vueltas dando
siempre en un solo sentido
y con ellas os decimos
el tiempo que va pasando.

¡Tic, tac! Somos...
las agujas del reloj.

Te lo digo y te repito
y te lo debo avisar,
que por más que te lo diga
no lo vas a adivinar.

Vengo de China:
Soy... el té.

Líquido negro
en un surtidor
al que oro llaman
por su gran valor.

¡Antes de usarme,
hay que refinarme!
Soy... el petróleo.

Cada país me distingue
porque yo lo represento;
suelo estar en las alturas,
frente al Sol y cara al viento.

¡Esta es fácil:
la bandera.

Carita sonrosada,
cuerpo espinoso,
¿por qué tienes abrazo
tan doloroso?

¡Por mis espinas!
Soy... la rosa.

Se estira
y se encoge;
parece una tiza
que nadie recoge.

¡Soy blando y sin
patas! Soy...
el gusano.

Ave de hierro y acero
canta con fuerte zumbido;
no tiene plumas ni pico
y el cobertizo es su nido.

¡Piensa un poco y
acertarás! Soy...
el avión.

Respondo al que me consulta
sin lisonjas ni ficción
y al que mala cara pone
la misma le pongo yo.

¡Refleja todas las
cosas! Es...
el espejo.

Al llevarme ten cuidado
porque soy muy pequeñita.
Entiérrame y verás
cómo sale una plantita.

¡Seguro que lo has
adivinado! Soy...
la semilla.

Cuellilarga yo nací,
patas largas me crecieron,
manchado llevo el vestido
y cuernecillos salieron.

Es la más alta de
todos los animales:
la jirafa.

Canto en la orilla,
en la charca, vivo;
y con la lengua a todo
insecto persigo.

¡Bésame, quizá me
convierta en príncipe!
Soy... el sapo.

Si tienes frío me buscas
para que yo te caliente,
pero si soy muy potente
a mi lado te chamuscas.

¡No juegues
con... fuego!

Vestido de traje negro
por el polo me paseo;
y con orgullo infinito
mi blanca camisa llevo.

¡Vivo en la
Antártida! Soy...
el pingüino.

Con estos dos hermanitos
tú nunca debes jugar;
si entran en los agujeros
calambre te puede dar.

¡Cuidado! Son...
las patas
del enchufe.

Se trata de un picotazo
que por tu bien te han de dar,
porque si estás enfermito
ella te ayudará a sanar.

¡No te dé miedo, no
duele! Es...
la inyección.

Son casi igualitos,
su color es rosa,
si hablas se abren,
si bebes se mojan.

¡Seguro que lo has acertado! Son... los labios.

De niña como y me arrastro,
de joven duermo la siesta,
de adulta frágil y esbelta
me ves entre la floresta.

¡Tengo 6 patas, 4 alas y 2 antenas! Soy... la mariposa.

Qué cosa más singular:
detrás de ti siempre está
y aunque la vuelta te des
nunca la podrás mirar.

¡Utiliza la lógica! Es... la espalda.

Si lo pica,
¡ay, pobre pez!
¿Aún no sabes
lo que es?

¿Has mordido el...
anzuelo?

Tengo las patas bien hechas,
y no me puedo mover;
llevo a cuestas la comida
y nunca me verás comer.

Esta es fácil:
Soy... la mesa.

Aunque planta verde y débil,
nadie sin temor se arrima,
que es mi roce como el fuego,
que al punto el cuerpo lastima.

¡Pero tengo
propiedades medicinales!
Soy... la ortiga.

Una dama muy altiva
que nos mira desde arriba
solo le vemos la cara
y nunca las pantorrillas.

¿Has tenido que mirar
la solución? Soy...
la Luna.

Con un velito de tul
y con un trozo de pan
formaremos una flor.
¿Sabes tú decirme cuál?

¡En el texto tienes
la pista! Es...
el tulipán.

Doce señoritas
en un redondel:
todas tienen medias
y ninguna pies.

Un día tiene 24:
las horas.

Una culebrita
inquieta y pelada
que, llueva o no llueva,
siempre está mojada.

¡No te vayas
de la... lengua!

Debiera estar en el cielo
pero me encuentro en el mar,
es mi color amarillo
y lo que más sé, es nadar.

Puedo tener ¡hasta
20 brazos!: soy...
la estrella de mar.

Te llevo donde tú quieras
y sin, apenas, tardar;
siempre que hagas el esfuerzo
de ponerte a pedalear.

¡Seguro que lo has
adivinado! Es...
la bicicleta.

Un ejército formado
por muy erguidos soldados.
Si vemos llegar la bola,
nos tumbamos hacia un lado.

¿Has jugado alguna vez
con nosotros?
Somos... los bolos.

Cabellera pelirroja
en el plato derramada.
Y tan deliciosa está
que en él no quedará nada.

Nos trajo de Oriente
Marco Polo: somos...
los espaguetis.

Mi ojo potente
el mar ilumina,
y a todos los barcos
les sirvo de guía.

Resulto imprescindible
para los marineros:
soy... el faro.

Enemiga es del lápiz
y todo lo que él dibuja,
lo deshace en un instante
si contra el trazo ella empuja.

Estoy hecha de caucho: soy... la goma de borrar.

Tiene plumas,
tiene pico
y unas patas
de abanico.

¡No pagues el... pato!

Léeme bien,
soy un metal;
y aunque al revés me leas,
soy siempre igual.

¿Sabes que me disuelvo en el mercurio? Soy... el oro.

Son unas piedras preciosas
que temprano, en la mañana,
se posan en el jardín
hasta que el sol las aparta.

¿Lo has adivinado?
Es... el rocío.

Azul y transparente es,
ancho y profundo será,
siempre estará arriba
y nunca se caerá.

Soy la casa de los
astros: el cielo.

En dos castañuelas
vengo encerrado
y al sacarme del mar
me pongo colorado.

¡Me gusta vivir
en las rocas! Soy...
el mejillón.

Si tienes entendimiento,
siendo amigo del saber,
una piedra sobre el agua,
¿qué cosa pudiera ser?

¿Sabes que no tengo dientes? Soy... la tortuga.

© 2015, Editorial LIBSA
C/ San Rafael, 4
28108 Alcobendas (Madrid)
Tel.: (34) 91 657 25 80
Fax: (34) 91 657 25 83
e-mail: libsa@libsa.es
www.libsa.es

Colaboración en textos: Lucrecia Pérsico
Edición: Equipo editorial LIBSA
Diseño de cubierta: Equipo de diseño LIBSA
Maquetación: Equipo de maquetación LIBSA
Ilustraciones: Jesús López Pastor

ISBN: 978-84-662-2882-4

DL: M 12965-2014